Hans-Günter Röhrig

Das Bamberger Krippenbuch

Fotos von Peter Eberts

BVB Bayerische Verlagsanstalt Bamberg

CIP-Titelaufnahme der Deutschen Bibliothek

Das **Bamberger Krippenbuch** / Hans-Günter Röhrig.
Fotos von Peter Eberts. – Bamberg :
BVB, Bayerische Verl.-Anst., 1994
ISBN 3-87052-279-8
NE: Röhrig, Hans-Günter; Eberts, Peter

1. Auflage 1994

Fotos: Peter Eberts
Umschlaggestaltung: Klaus Borowietz
Lithos: Repro + Satz GmbH Kreisl, Hof/Saale
Satz und Druck: SOV Graphische Betriebe GmbH, Bamberg
Bindung: RÖCK Großbuchbinderei GmbH, Weinsberg
Printed in Germany
ISBN 3-87052-279-8

Inhalt

Bamberg – eine Krippenstadt

Sie ist die „Traumstadt der Deutschen", ist Kaiserstadt, Bischofsstadt, Stadt der Bücher, ist Weltkulturerbe: Bamberg. Zur Weihnachtszeit aber ist Bamberg ganz Krippenstadt.

Angefangen hatte die „Krippenbegeisterung in Bamberg vor über dreieinhalb Jahrhunderten mit der Krippe, die die Jesuiten in der Pfarrkirche von Alt-St.-Martin aufgestellt hatten. Ein Bamberger Erzbischof, Joseph Maria Freiherr von Fraunberg, erreichte später durch seine Bitten, daß König Ludwig I. das von seinem Vorgänger erlassene Krippenverbot wieder aufhob. Der Bamberger Domvikar Johann Baptist Cavallo war einer der ersten in der weiten Welt, der mit seinem lieben Büchlein einen ‚Kurzen Unterricht über den Gebrauch der Krippen zur Weihnachtszeit nebst Andachtsübungen beim Besuch der Krippe' geschrieben hat. Es ging ihm darum, daß alles Krippengeschehen in Frömmigkeit und Religion verankert sei. Daß dies nun auch handwerklich richtig ins Werk gesetzt wird, dafür sorgt die Bamberger Krippenbauschule, von deren erfolgreichem Wirken meisterhafte Krippen künden. Was in Bamberger Familien gepflegt wird, ist für die Kirchen in der Stadt zur Selbstverständlichkeit geworden, wie das jeder, der den Bamberger Krippenweg geht, erleben kann" (Erich Lidel, Bayer. Krippenfreund, Nr. 270, Dezember 1989).

In der Literatur wird oft davon berichtet, daß der hl. Franz von Assisi der „Erfinder" der Krippe sei. Das läßt sich nicht belegen. Die Weihnachtsfeier des Heiligen 1223 in Greccio in einem wirklichen Stall mit einer strohgefüllten Krippe sowie einem lebendigen Ochs und Esel daneben wollte die Weihnachtsszene möglichst wirklichkeitsnah vergegenwärtigen. Allerdings: die heiligen Personen waren nicht dargestellt. Dargestellt sollte nur das Äußere werden, nicht der Inhalt; der blieb der Predigt und dem Sakrament vorbehalten. Das heilige Opfer wurde auf einem Tragaltar gehalten, der auf der Krippe auflag.

Die Geburt Christi stellte freilich schon immer eines der großen Themen der europäischen Malerei dar. Erinnert sei an Leonardo, Dürer, Cranach, Altdorfer, Rembrandt und viele andere. Es dauerte relativ lange, bis sich die Volkskunst der bildhaften Darstellung der Christgeburt annahm und die Krippe mit beweglichen Figuren schuf.

Erste Anklänge an ein menschliches Grundbedürfnis des Schauens als Vergewisserung des Glaubens finden sich nicht nur in den Bildwerken der Maler und Bildschnitzer und in den Erbauungsschriften geistlicher Schriftsteller, die allerdings nur ein minimal kleiner Teil der Menschen lesen konnte, sondern auch in den großen, öffentlich zelebrierten Heiltumsweisungen, die zum Beispiel in Bamberg seit dem 14. Jahrhundert eine ungeheuere Anziehungskraft ausübten.

Die Bamberger Weisungen erweckten von Anfang an eine über den Bereich des Bistums und Hochstifts hinausgreifende Aufmerksamkeit aus dem gesamten Reichsgebiet, dies nicht nur, weil ein Teil des Heiltumsschatzes nachweislich mit dem heiligen Kaiserpaar Heinrich und Kunigunde in Verbindung gebracht wurde, sondern weil mit mehreren Kreuzpartikeln und einem Heiligen Nagel bedeutende Christusreliquien vorgewiesen werden konnten. Auch Reliquien des neugeborenen Gotteskindes wurden in Bamberg dem Volk zur Verehrung gezeigt: So lesen wir im Heiltumsbüchlein von Hans Mair (1493) beim „drit umbganck“; *In diser monstrantzen ist von dem weihrach, denn die heiligen drey kung dem heren Christo in seiner Kintheit geopffert haben.* In einem Gefäß, das beim vierten Gang gewiesen wurde, waren neben Reliquien der Maria Magdalena, der *eylfftausend maid* und des heiligen Georg auch Teile der *kripen unsers heren.*

Das Bamberger Heiltumsbüchlein des Hans Sporer (1493) führt zwei Reliquiare der Unschuldigen Kindlein, deren Ermordung durch Herodes vielfach in späteren Krippendarstellungen einfloß, auf. Auch das Heiltumsbüchlein von 1508/09 bringt ein Unschuldiges Kindlein in Form einer silbernen Liegefigur. Von einer eigenen „Krippenverehrung“ kann allerdings zu dieser Zeit noch nicht geredet werden. Es sind Vorstufen, Annäherungen. 1643 schreibt

Maria Anna Junius, Dominikanerin im Bamberger Kloster Heilig Grab, schrieb unter dem 1. Januar 1634 in ihrem Tagebuch: Sundtag, den 1. January alls dem heilligen neuen Jarstag haben wir mit grossen freüdten angefangen/ dan die Jeusuwiedter haben an uns begert wir sollen ein Jesuskindlein ihm kripplein in unser kirgen setzen/ so wollen sie mit ihren schulkindtern kumen und das kindlein iesu grüssen und verehrn/ welches wir gethon haben/ auch haben wir 4 kindter zu dem kriplein gesetzt welche wir gar schön gekleit haben/ das meidtlein ist die mutter gottes gewessen und das Büeblein joseff welchen wir einen krahen Bart und har haben umgehton und auffgesetzt/ aber die andtern zwei Bublein haben wir wie englein gekleit diesse haben wir zum kriplein gesetzt haben wir auff unserer Orgel geschlagen und wir schwestern haben trein gesungen/ darnach haben die Kinder das kindtlein/ maria und Joseff gegrüst mit schönen sprüchen nach solchigen haben wir wiederumb ein weinnachten liedtlein gesungen/ und wir wiedter geschlagen und drein gesungen/ alsdann haben sie das kindtlein Jesu wiederumb gegrüst auch bisweilen maria und Joseff welches gar schön und andechtig gewesen ist/ und uns eine rechte andacht geben hat.

dann die Bamberger Bürgermeisterstochter Anna Maria Junius, Dominikanerin im Kloster Heilig Grab, ein Gebetbuch mit Betrachtungen über die Krippe. Bereits in diesem Jahrhundert wurde in Bamberg auch schon mit Krippenwaren gehandelt: aus Urkunden wissen wir, daß ländliche Pfarreien ihren Krippenbedarf in der Stadt gedeckt haben.

Die Krippe ist recht volkstümlich geworden. Zunächst war sie in Kirchen und Klöstern beheimatet, fand dann Eingang in die Adelshäuser, wo man sich in der Ausgestaltung der Krippe und deren prunkvollen Darstellungen zu überbieten begann. Daß sie auch in die Bürgerhäuser Eingang fand, daran ist die Aufklärung schuld: das Verbot, Krippen in den Kirchen aufzustellen, wie es das Churfürstliche Fränkische Generalkommissariat am 4. Nov. 1803 für Franken vorschrieb, förderte letztlich diesen Prozeß.

Gleichwohl: Viele Kirchenkrippen verschwanden damals, wurden verschleudert, gingen zugrunde. Der Untergang einer Alt-Bamberger Krippe läßt sich anhand von Akten verfolgen. 1615 war in Bamberg die erste Krippe aufgestellt worden und zwar in der Pfarrkirche von Alt-St. Martin. Das „heilige Spektakel" war von den Jesuiten inszeniert worden, und erfreute sich allgemeiner Beliebtheit – bis der Regierungserlaß 1803 das Aufstellen auch dieser traditionsreichen und recht umfangreichen Krippe verbot.

Im Staatsarchiv Bamberg liegen Akten „den Verkauf der Krippen in der alten Martinskirche betr." aus dem Jahr 1804 (Signatur: K 3Cl Nr. 219). Aus diesen Unterlagen ist zu ersehen, daß der Hofkammerrat Mayer wiederholt an die Kurfürstliche Landesdirektion die Anfrage richtete, ob

die in der ehemaligen Martinskirche vorhandene Krippe, auf die bereits ein „Aufgebott von 33 Gulden rheinisch gelegt sei, nun endlich abzugeben sei". Mayer wurde zunächst aufgefordert, die Krippe schätzen zu lassen. Dies geschah durch den Taxator Leonhard Geldner: „30 fl. rein. wohl werth". Ein Käufer war schnell gefunden: Johann Jakob Kreßmann,

„Handelsbürger dahier". Dem Verkauf widersetzte sich energisch der Kirchenpfleger von Alt-St. Martin, Kirchberg. Seine Argumentation: die Krippe sei aus Kirchenmitteln erstellt und unterhalten, sie sei weit mehr wert als den geschätzten Verkaufspreis, und zudem fehlten etliche Figuren. Er hatte auch gleich eine Käuferin an der Hand, die bereit war, 50 fl. rhein. zu zahlen. Hofkammerrat Mayer reagierte beleidigt: das höhere Angebot sei zu spät gemeldet worden, der Kaufpreis bereits hinterlegt. Die Landesdirektion entschied gegen den Kirchenpfleger, der die Krippe dem Kaufmann Kreßmann überlassen mußte. Was mit der figurenreichen Krippe weiter geschah, ist unbekannt. Acht Krippenfiguren aus

Am „Hochfest der ohne Erbsünde empfangenen Jungfrau und Gottesmutter Maria" (8. Dezember) wird dieses Evangelium (Lukas 1,26 – 38) in der Kirche verlesen: Der Engel Gabriel wurde von Gott in die Stadt Nazareth in Galiläa zu einer Jungfrau gesandt. Sie war mit einem Mann namens Josef verlobt, der aus dem Haus David stammte, und ihr Name war Maria. Der Engel trat bei ihr ein und sagte: Sei gegrüßt, du Begnadete, der Herr ist mit dir! Sie erschrak über diese Anrede und überlegte, was dieser Gruß zu bedeuten habe. Da sagte der Engel zu ihr: Fürchte dich nicht, Maria; denn du hast vor Gott Gnade gefunden. Du wirst ein Kind bekommen, einen Sohn wirst du gebären; dem sollst du den Namen Jesus geben. Er wird groß sein und Sohn des

Alt-Martin haben überlebt. Sie gelangten in den Besitz des Bamberger Krippenvereins und sind hier auf diesen Seiten abgebildet. Der große Rest ist wohl verlorengegangen.

In der Krippenstadt Bamberg vergreifen sich auch heute noch ungebetene Hände an der Krippe. Fast „harmlos" nehmen sich noch Zeitungsmeldungen wie diese aus: „Am Donnerstag zwischen 19.30 Uhr und 20.45 Uhr wurden aus der St.-Martins-Kirche zwei Krippenfiguren aus Holz, 30 cm hoch, entwendet. Die eine Figur zeigt einen Soldaten der römischen Legion und die zweite eine schwarzgekleidete Frau. Der Wert der entwendeten Figuren ist noch unbekannt. Hinweise erbittet die Einsatzzentrale der Polizeidirektion Bamberg . . . " (FT, Nr. 42, 19. 2.1991).

Bedenklicher stimmt dann diese Notiz mit der Überschrift „Bamberger Christkind wurde geklaut“: „In der großen Krippe am Bamberger Schönleinsplatz, mitten im Herzen der Domstadt, schauen Maria und Josef seit einigen Tagen ins Leere: Das Jesuskind ist verschwunden – samt der Futterkrippe, in die es gebettet war. Nun sucht die Polizei nach den Entführern, vermutlich drei jungen Männern, die in der Nacht zum 24. Dezember die Holzfigur aus dem Fachwerkhäuschen klauten. Die Stadt Bamberg hat mittlerweile eine Belohnung von 1000 Mark ausgesetzt. Das Fehlen des Christuskindes war am Nachmittag des 24. Dezembers bemerkt worden. Eine Suche in der Nähe des Platzes nach Kind und Krippe blieb ohne Erfolg. Nachdem die Figur im Wert von rund 2000 Mark nach einem Diebstahl vor sechs Jahren fest mit der Krippe verankert worden war, montierten die Täter nun kurzerhand die ganze Krippe ab. Inzwischen meldete sich bei der Polizei eine Zeugin: In der Nacht von Donnerstag auf Freitag hätte sie drei Männer beobachtet, die eine Krippe mit sich trugen. In Bamberg wird nun spekuliert, ob die Tat mit dem Diebstahl von 1987 zusammenhängt. Damals hatte sich ein ‚Kommando Herodes‘ zu der Entführung bekannt und für die Rückgabe ‚1000 Eier‘ gefordert. Die Zwischenzeit überbrückte man damals mit einem ‚Ersatzchristkind‘. Heuer fehlt jedoch auch die Futterkrippe, die in kurzer Zeit nicht zu beschaffen ist Wütend und verärgert reagieren viele Bamberger, die am leeren Stall vorüberkommen. So wie eine Passantin, die schimpfte: ‚Die Händ‘ sollten denen abfaulen, die sowas tun!‘ “ (NN, Nr. 299, 28. 12.1993).

Bamberg ist eine Krippenstadt. Sie wäre es nicht in dem Maße, gäbe es nicht den Verein Bamberger Krippenfreunde e. V., der sich sehr erfolgreich der „Förderung und Verbreitung der Krippenpflege auf religiöser, erzieherischer, künstlerischer und volkskundlicher Grundlage“ widmet. Mit Ausstellungen trat der Verein bereits 1923 an die Öffentlichkeit. Seit 1930 findet jährlich in der Maternkapelle eine Krippenschau statt, die einen ständig wachsenden Besucherstrom anzieht. Neuerdings hat der Verein eine alte Tradition wieder aufleben lassen: die Darstellung der Passion und Auferstehung Christi in der Art von Krippen.

Aber auch den sogenannten Bamberger Krippenweg, der zu den schönsten Krippendarstellungen führt und der von Jahr zu Jahr von Tausenden gegangen wird, hat der heute weltweit größte Ortsverein von Krippenfreunden angeregt. Es ist ein Weg, der auf das Geschehen an Weihnachten einstimmen will, der zur Besinnung einlädt und der Trost zu spenden vermag.

Höchsten genannt werden. Gott der Herr wird ihm den Thron seines Vaters David geben. Er wird über das Haus Jakob in Ewigkeit herrschen, und seine Herrschaft wird keine Ende haben. Maria sagte zu dem Engel: Wie soll das geschehen, da ich mit keinem Mann zusammenlebe? Der Engel antwortete ihr: Heiliger Geist wird über dich kommen, und die Kraft des Höchsten wird dich überschatten. Deshalb wird auch das Kind heilig und Sohn Gottes genannt werden. Auch Elisabet, deine Verwandte, hat noch im Alter einen Sohn empfangen; sie ist jetzt schon im sechsten Monat und galt doch als unfruchtbar. Denn für Gott ist nichts unmöglich. Da sagte Maria: Ich bin die Magd des Herrn; mit mir geschehe, was du gesagt hast. Danach verließ sie der Engel.

Diözesan-museum

Das Bamberger Diözesanmuseum, wegen seiner kostbaren Textilien (u. a. Sternenmantel des hl. Kaisers Heinrichs II.) weltbekannt, weist auch eine reichhaltige Krippensammlung auf, die großenteils testamentarisch aus dem Besitz des bayerischen Krippenpfarrers J. Freitag († 1979) hierher gelangte. Darunter befindet sich eine „Heilige Nacht mit großem Hirtenfeld“ (1920–1930) des Tiroler Schnitzers R. Speckbacher mit 24 Figuren und zwei mei-

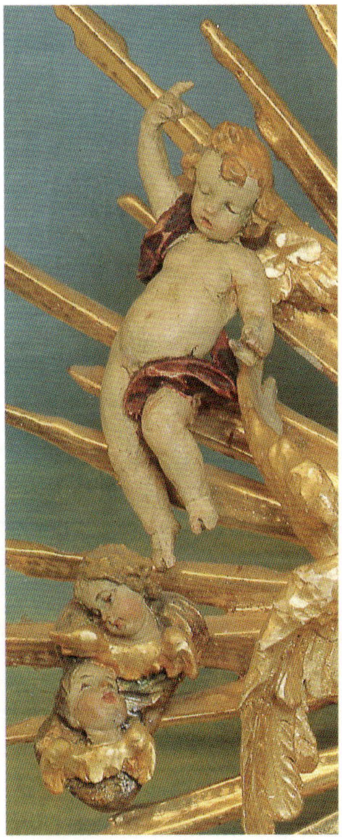

*Bild linke Seite:
Die Gottvatergloriole von Romed Speckbacher (Taur bei Innsbruck) weist 18 Figuren auf.*

80 Schafe beleben das Hirtenfeld in der Krippendarstellung von R. Speckbacher: ein Teil äst, ein anderer Teil aber wird von der Engelserscheinung erschreckt und rast im panischen Schrecken über die Hürden.

sterhaften Gloriolen. Eine zweite Speckbacherkrippe (1930) ist ein pompöser Dreikönigszug mit 45 Figuren. Vom Südtiroler Bildschnitzer Probst (1773–1861) besaß Freitag eine vorzüglich gearbeitete Fastenkrippe. Aus dem Bestand von Pfarrer Freitag stammen auch moderne Krippendarstellungen, die Elisabeth Murhard (geb. 1904) gestaltete. In den letzten Jahren konnte die Sammlung des Museums durch Schenkungen und Ankäufe erweitert werden, und zwar durch Krippen, die in Bamberg und Umgebung in Privathaushalten aufgestellt wurden. Zu sehen sind weiter Krippen aus Peru, Norwegen, Dänemark und Spanien, ebenso eine Sammlung von Papierkrippen des 19./20. Jahrhunderts.

Im Diözesanmuseum befinden sich auch einzelne qualitätsvolle Krippenfiguren, die aus einer Barockkrippe stammen und von denen man annahm, sie seien Reste der ehemaligen Bamberger Domkrippe. Nach neuer Forschungslage steht fest, daß im Bamberger Dom niemals eine Krippe aufgestellt war. Die Herkunft dieser Krippenfiguren ist vorerst nicht zu klären.

Bild rechte Seite: Detail aus R. Speckbackers pompösen Dreikönigszug (1930)

Historisches Museum

Alljährlich zur Weihnachtszeit wartet das Historische Museum, das reichhaltige Sammlungen zur Kunst- und Kulturgeschichte des ehemaligen Hochstifts Bamberg aufbewahrt, mit wechselnden Krippen- und Sonderausstellungen auf. Aus Privatbesitz kamen 1990 in das Museum eine Plößberger Krippe und eine Krippe

aus dem Erzgebirge mit aus dem 18. Jahrhundert stammenden Figuren. Im Stiftland, so genannt nach dem Zisterzienserstift Waldsassen, schufen begabte Laienschnitzer eine farbenreiche, vielfältige Figurenwelt, die die Krippenberge bevölkern. Plößberg war neben Tirschenreuth ein Zentrum einer krippenfreudigen Landschaft. Die Plößberger Krippe im Museum, deren Figurenwelt „seltene Zeugnisse einer hochstehenden Schnitzkunst sind" (L. Hennig), schnitzte der Porzellanmaler Franz Johann Hofmann (1882–1965). Sie ist mit über 200 Figuren bestückt und bietet dem Betrachter dazu noch eine liebenswerte „Heilige Stadt".

Über 200 Figuren beleben den Plößberger Krippenberg. Beachtenswert sind die sogenannten „Stückln". Sie bestehen aus mehreren Personen sowie Tieren und sind zusammenhängend mit dem Standbrett aus einem Stück Lindenholz geschnitzt.

Dom

Nicht nur der „Weihnachtsaltar" (1523) des Nürnberger Meisters Veit Stoß macht den Bamberger Dom zu einem „Weihnachtsdom". Im nördlichen Seitenschiff unweit des Eingangs befindet sich eine romanische Verkündigungsgruppe von hoher Qualität aus der Entstehungszeit des heutigen Domes (1230). Nur wenige Schritte weiter an einem Pfeiler übereck begegnet Maria ihrer Base Elisabeth. Natürlich gibt es – erst seit einigen Jahren – im Dom auch eine Kirchenkrippe mit wechselnden Szenen, zumeist im vertrauten Ambiente. So ereignet sich die Verkündigung im Kreuzgang des Bamberger Domes.

Die Figuren der Krippe im Dom hat Josef Hien aus Ottobrunn geschnitzt. Zum Weihnachtsfest wird die Krippe von einer prächtigen Gloriole bekrönt.

In der Krippe war die Herbergssuche beim einfachen Volk und in kleineren Krippen immer mehr beliebt im Gegensatz zu den Prachtkrippen, deren Besitzer kein Verständnis für Armut und Ausgesetztheit hatten. Die Krippe läßt die Suche nach der Unterkunft auf eine einzige, nachdem auch das Evangelium nur von „der" einzigen Herberge, wie einer einmaligen spricht, in der kein Raum war. In manchen Krippen steht die Herberge an der Stelle, an der bald darauf die Geburtshöhle eingerichtet wird (Wechselgruppe), in anderen verbleibt sie seitlich während der ganzen Weihnachtszeit; manche Krippenbauer haben daraus eine große Idyllenszene mit Heimatcharakter gebaut. (G. Bogner, Das große Krippen-Lexikon, München 1981)

Nur in der Weihnachtszeit zu sehen: Christi Geburt im Vierungsaltar, eine barocke von geschliffenen Spiegeln umgebene Darstellung.

St. Michael

Majestätisch beherrscht die Michaelskirche das Weichbild der Stadt. Das ehemalige Benediktinerkloster wurde 1015 vom ersten Bamberger Bischof Eberhard gegründet, 1021 fand die feierliche Konsekration statt. 1117 durch ein Erdbeben zerstört, stellte der heilige Bischof Otto das Kloster wieder her. Es wurde auch seine Grabeskirche (1139). Die mittelalterliche Klosterburg erfuhr in der Barockzeit durch J. Leonhard Dientzenhofer und dessen Bruder Johann die Umgestaltung zu einem monumentalenKlosterbau(1696–1723).

1803 kam das Kloster auf dem Tauschweg in den Besitz der Stadt Bamberg, die hier ein Bürgerspital einrichtete. Die Kirche erfreut sich heute vor allem bei Brautpaaren großer Beliebtheit, die in dem spätromanisch wirkenden dreischiffigen Raum gerne heiraten. Berühmt sind auch die Malereien, die das Netzrippengewölbe überziehen: 578 sehr naturalistisch wiedergegebene Pflanzen (1614–1617).

Nur zur Weihnachtszeit zu sehen ist eine qualitätsvolle barocke Krippe über dem Tabernakel des Vierungsaltares. Zu anderen Jahreszeiten verbergen auswechselbare Gemälde diese liebenswerte Darstellung.

St. Martin

Die Pfarrkirche St. Martin wurde nach Abbruch der gotischen Kirche des ehemaligen Karmelitenklosters von den Jesuiten als Kloster- und Universitätskirche in den Jahren 1686–1693 nach den Plänen von Georg Dientzenhofer erbaut. Nach dessen Tod übernahm sein Bruder Johannes Leonhard die Bauleitung und vollendete das Gotteshaus – der einzige Sakralbau der Barockzeit in der Stadt – mit seiner prächtigen Fassade. Der Anlage und Ausstattung nach ist die Martinskirche eine typische

Mit über 200 Figuren und Tieren lassen sich von Anfang Dezember bis Ende Januar viele biblische Szenen darstellen: herkömmliche wie die Verkündigung, Maria bei Elisabeth, die Herbergssuche, die Hirten auf dem Feld, Geburt, Anbetung der Könige, Flucht nach Ägypten, Kindermord, Haus Nazareth sowie etwas ausgefallenere wie Taufe Jesu im Jordan, Hochzeit zu Kana (unsere Fotos), die Speisung der Fünftausend und Bergpredigt.

Jesuitenkirche, die Verwandtschaft mit Il Gesù in Rom ist unverkennbar. Die Kirche birgt als besondere Kostbarkeit eine Schnitzfigur der schmerzhaften Muttergottes mit dem Leichnam Christi auf dem Schoß. Das Gnadenbild (14. Jahrhundert) wurde aus Alt-St. Martin, deren Standort auf dem Maxplatz war und die 1804 der Spitzhacke zum Opfer fiel, überführt. Die Kirchenchronik von Alt-St. Martin weiß bereits 1615 von einer Krippe zu berichten, die aber in der Säkularisation verloren ging. Im Laufe des 19. Jahrhunderts erwarb die Pfarrei St. Martin eine neue Krippe, die heute über 200 Figuren umfaßt.

Pompös und prächtig geht es zu, wenn die Könige dem Christkind in der Krippendarstellung von St. Martin ihre Aufwartung machen.

Heilig-Grab-Kirche

1355 kamen die ersten Dominikanerinnen nach Bamberg. Ein Bamberger Bürger stiftete nach einer Pilgerfahrt ins Heilige Land die Kirche. Kloster und Kirche entstanden auf einer Stätte des Frevels: ein fahrender Schüler namens Simon, so erzählt die Legende, soll 1314 aus der alten Martinskirche ein Hostiengefäß geraubt und hier auf den Acker ausgeschüttet haben. Die Dominikanerinnen besaßen eine kostbare Krippe, die irgendwann verlorenging. Etliche Stücke gelangten nach St. Gangolf. Heute wird eine Krippe aufgebaut, deren Herkunft nicht bekannt ist.

Jahrelang nicht mehr gezeigt wurde die Krippe in der Klosterkirche Heilig Grab. Über die Herkunft der Bauten und der 25 cm großen Figuren, die von den Schwestern bekleidet wurden, ist nichts bekannt. Sie stammen wohl aus dem frühen 19. Jahrhundert.

Bergauf, durch die malerische Eisgrube, gelangt man zur evangelischen Pfarrkirche St. Stephan. Seit 1958 schuf Wini Bechtel-Kluge Jahr für Jahr die Krippenfiguren aus Stein, die dann im Kindergottesdienst übergeben wurden. Und jedes Jahr sammelten Kinder und Jugendliche dafür Geld.

St. Stephan

Die evangelische Pfarrkirche St. Stephan besitzt eine moderne, ausdrucksstarke Krippe. Die Skulpturen aus Granit und Muschelkalk, farbig gefaßt, schuf die Bildhauerin Wini Bechtel-Kluge. Unter dem Kreuz im Südchor der Kirche hat sie wie einen Spiegel der Zeit Menschengruppen um die Heilige Familie versammelt: Zweifler, Kranke, Unentschlossene und Ablehnende, Glaubende und Betende, Kinder und Alte, Apostel und Propheten, Reiche und Arme. Da begegnen wir der klugen Katharina von Alexandria, der jungfräulichen Märtyrerin Barbara, dem heiligen, kinderfreundlichen Bischof Nikolaus, dem Propheten Johannes dem Täufer, dem zweifelnden Apostel Thomas und dem Soldaten Achatius, der unter Kaiser Hadrian den Martertod gestorben ist, den ungebildeten Hirten und den reichen Weisen aus dem Morgenland. Bei Maria und Josef stehen Engel, Tiere, Kranke. Übrigens: in der „evangelischen Krippe" ist Maria viermal dargestellt: bei der Verkündigung, bei der Heimsuchung, nach der Geburt und bei der Begegnung mit Simeon im Tempel.

Am Weihnachtstag gesellen sich zu den Hirten, zu den Engeln, zu Maria und Joseph auch die Kranken, unter ihnen das Kind mit dem Wasserkopf.

Obere Pfarre

Die traditionsreiche prächtige Krippe in der Oberen Pfarre ist nicht nur ein charakteristisches Beispiel Bamberger Kultur, sondern mit ihren 180 stoffbekleideten beweglichen Holzfiguren eine der größten Kirchenkrippen Süddeutschlands. Etliche Figuren stammen aus dem 18. Jahrhundert. Bamberger Künstler wie Hans Leitherer, Georg Bauer und Max Huscher bereicherten in diesem Jahrhundert das stattliche „Ensemble“.

Die Pfarrkirche zu Unserer Lieben Frau, gewöhnlich Obere Pfarre genannt, ist die älteste Pfarrei Bambergs, die bis in die Zeit der Bistumsgründung zurückgeht. Sie ist ein Meisterwerk städtebaulicher Anlage: wie ein mächtiges Schiff liegt sie am Fuße des Kaulberges. Die Kirche birgt herausragende Kunstwerke (u.a. eine Himmelfahrt Mariens des venezianischen Meisters Jacopo Tintoretto). Zum Wallfahrtsort vieler Menschen wird sie aber durch ihre weithin berühmte Krippe, von deren zahlreichen Figuren etliche noch aus dem 18. Jahrhundert stammen. Sie ist in ihrem Kernbestand die einzige historische Krippe, die die 22 Jahre des Krippenverbots (1803) überstand, weil sie Pfarrer Andreas Augustin Schellenberger seinerseits versteckt hatte.

Hier in der Oberen Pfarre trägt sich Bambergs eigentliches Krippenwunder zu: da mischen sich orientalische Szenen mit Schlangenbeschwörung und exotischen Gestalten im Gefolge der Weisen aus dem Morgenland mit Bildern eines fränkischen Marktes, eines ländlichen Wirtshauses, einer zünftigen Musikkapelle und einer

Die Krippe in der Oberen Pfarre bleibt jeweils vom ersten Adventssonntag bis Mitte März des folgenden Jahres aufgebaut. Gezeigt werden: Mariä Verkündigung, Maria Heimsuchung, Herbergssuche, Geburt des Herrn, Verkündigung an die Hirten, Beschneidung Jesu, Anbetung der Hirten, Zug der Drei Könige, Anbetung der Drei Könige, Wegzug der Drei Könige, Darstellung Jesu im Tempel, Flucht aus Ägypten bzw. Rast auf der Flucht, der zwölfjährige Jesus im Tempel, das Haus zu Nazareth, die Hochzeit zu Kana sowie die klugen und törichten Jungfrauen.

Darstellung des Kammerfensterln. Besonders berühmt ist die Krippenszene mit der Hochzeit von Kana. Da hängen Girlanden winziger geräucherter Würste. Auch die Brote und Brötchen auf der Hochzeitstafel, die prachtvolle Hochzeitstorte – alle im Miniformat – sind echt wie aus dem Bäckerladen. Wenn sich das Geschehen der Weihnacht bisweilen in einer recht fränkischen Gestalt darbietet, die theologische Aussage bleibt; es ist das Drumherum, das stets andere Varianten erlebt und tausende Besucher erfreut. So war es schon 1880. Da schrieb Valentin Loch im 49./50. Bericht des Historischen Vereins Bamberg: „In der Zeit von Weih-

Die Darstellung im Tempel, bei der alle erstgeborenen Knaben im Tempel Gott geweiht und die Opfergaben dargebracht wurden, geschieht nur in den großen und reich ausgestatteten Krippen in einem Tempelraum. Allgemein wird aber auch eine Figurengruppe verwendet, in deren Mitte der alte Simeon das Kind auf den Händen hält und seinen Hymnus spricht, während auf der rechten Seite die halb verschleierte Maria anbetend und auf der linken Seite Joseph mit den Taubenpaar im Korb stehen. Immer wird versucht, den Worten „Herr, nun lässet Du Deinen Diener in Frieden fahren . . ." und die Beziehung Jesu als „das Licht zur Erleuchtung der Heiden und zum Ruhme Israels" besonderen Ausdruck zu geben. (G. Bogner, Das große Krippen-Lexikon, München 1981)

Über 25 Jahre lang hat Mesner Michael Kager die Krippenbilder mit ungeheurem Einfallsreichtum gestaltet, wobei ihm seine Erfahrungen als einstiger Theatertechniker beim Aufbau seines geistlichen Theaters im Seitenschiff der Kirche sehr zugute kam.

Er erwies sich als Meister im Variieren und Verwandeln. Er ließ sich immer etwas Neues einfallen, um den vielen hundert, ja tausend Besuchern, die vor den wöchentlich wechselnden Krippenbildern oft Schlange stehen, das Geschehen der Weihnacht immer wieder ein wenig anders nahezubringen.

nachten bis Fastnacht erfreut sich unsere Kirche eines sehr lebhaften Besuches, um die mit vielen Figuren und Aufwande hergestellte Krippe zu beschauen. Und die Ereignisse sind so angeordnet und ausgeschmückt, wie die fromme Phantasie christlicher Kinder alles Schöne und Würdige um das liebe Jesukind und seine hl. Mutter zu deren Ehrung zusammen aufgeboten sich vorstellt."

1987 ist Kager in Pension gegangen. In der Krippenstadt Bamberg war schnell ein Nachfolger gefunden: Robert Hariszlak übernahm mit dem Mesneramt in der Oberen Pfarre auch die Präsentation der Krippe, und wie sein Vorgänger verwebt er mit dem biblischen Geschehen lokale Ereignisse, „damit es nicht zu langweilig wird“. Beim bunten Hochzeitstreiben läßt er beispielsweise eine Hausfrau an einem Tisch voller appetitlicher Blechkuchen das Kaulberger Backbuch, mit dem die Frauen aus der Pfarrei einen nicht erwarteten Bestseller-Erfolg gelandet hatten, werbewirksam anbieten. Für weitere volkstümliche Szenen ist somit gesorgt. Übrigens: Hariszlak hatte einen guten Lehrmeister, schließlich ist er der Schwiegersohn von Michael Kager.

In fränkischer Tracht gekleidet, bringen Bäuerinnen dem Jesuskind Gaben. Die Popularität der Krippe der Oberen Pfarre zeigt sich nicht nur darin, daß sie schon mehrmals Gegenstand von Fernsehsendungen war, ein weit sensiblerer Gradmesser für die Bekanntheit ist der, daß ein paar Mitwirkende sogar einen „Künstlernamen" besitzen: Zwei Figuren mit sehr lustigen Gesichtern haben die Spitznamen „Vizeknorz" und „Kreehanes" bekommen. Daß „Vizeknorz" einem Neger aus dem Drei-Königs-Gefolge einen Zahn zieht, hat einmal eine gestrenge Besucherin zu einer schriftlichen Beschverde veranlaßt; damals vor 2000 Jahren, so meinte sie, gab es doch noch keinen Zahnarzt. Den Krippen-Regisseur Kager ließ dies ungerührt: Zahnweh habe es schon immer gegeben, und wenn man genau hinsehe, merke man, daß der vermeintliche Zahnarzt ein Hirte sei, lautete seine Erklärung für diesen scheinbaren Anachronismus.

Das andere Wunder war an dem Kind, als Sanct Bernhard schreibet ‚Da war in einer Person Ewiges, Altes und Neues wunderbarlich geeinet: Die Gottheit ewig, der Leib alt von Adam her, die Seele neu erschaffen'. Und weiter spricht Sanct Bernhard: ‚Gott hat an diesem Tag drei Werke getan, also wunderlich, dergleichen ist nie geschehen und wird auch nimmer geschehen: daß vereinbart würden Gott und Mensch, Mutter und Jungfrau, Glaube und menschlich Herze. Die erste Vereinung ist wunderlich, daß verbunden wurden Staub und Gott, Schwachheit und Allmächtigkeit, Gott, und nichts schnöderes denn Erdenstaub. Die andre ist gar wunderlich, denn es ward sonst nie erhört, daß eine Jungfrau gebäre und eine Mutter Jungfrau bleibe. Das dritte ist unter den zweien ersten, und ist doch genug

wunderlich: wie eines Menschen Herze diese zwei glauben mag, daß einer Gott und Mensch sei, daß eine Mutter und Jungfrau sei.' (Aus „Die Legenda aurea des Jacobus de Voragine", Darmstadt 1993)

Die Könige und ihr Gefolge erscheinen prächtig gewandet vor dem Jesuskind. Sie huldigen ihm und bringen kostbare Geschenke: Gold, Weihrauch und Myrrhe.

St. Urban

Die jüngste und zugleich größte Kirchenkrippe steht in der zur Oberen Pfarre zählenden Filialkirche St. Urban in Bamberg-Südwest. Im Juni 1989 geweiht, zeigte die Kirche bereits zu Weihnachten eine Geburt Christi in orientalischer Manier: ein eifriger Krippenfreund, der im Pfarrsprengel wohnt, hatte die Krippe gestiftet. Die 105 cm großen, geschnitzten und beweglichen Holzfi-

Demütig vernimmt Maria die Botschaft des Engels. Dann macht sich Maria auf zum Besuch bei der Base Elisabeth. Mühsam war die Herbergssuche in Nazareth. Aber die Hirten huldigen Gottes Sohn.

guren wurden in einer oberbayerischen Holzbildhauerwerkstatt (Gröbenzell) angefertigt. Das Gebäude, in dem sich das weihnachtliche Geschehen abspielt, hat die stattliche Höhe von drei Metern. Gezeigt werden die Szenen „Verkündigung an Maria", „Besuch bei der Base Elisabeth", die „Herbergssuche", die „Geburt Christi" und die „Anbetung der Könige". Bambergs jüngster Kirchenbau befindet sich in einem Neubaugebiet, in dem über 3000 katholische Christen wohnen.

Unser Herr Jesus Christus ward leiblich in diese Welt geboren in den Tagen des Kaisers Octavianus nach Adams Zeit über 5228 Jahre, wie uns etliche Lehrer schreiben; andere Meister meinen, daß dazwischen lägen 6000 Jahre; Eusebius von Caesarea rechnet in seiner Chronik nur 5399 Jahre. Die Rechnung von 6000 Jahren hat Methodius gefunden, doch mag sie mehr sein in einem geistlichen Sinn, denn eine Rechnung in zeitlichen Jahren.

In der Armut gebar Maria ihr Kind um die Mitternacht zum Sonntag und legte das liebe Kindlein in die Krippe auf ein wenig Heu; dasselbe Heu führte darnach Sanct Helena gen Rom, wie wir in der Historia Scholastica lesen; Ochs und Esel aber, sagt man, wagten nicht davon zu essen. (Aus „Die Legenda aurea des Jacobus de Voragine", Darmstadt 1993)

Im Lukasevangelium steht: In dieser Gegend lagerten Hirten auf freiem Feld und hielten Nachtwache bei ihrer Herde. Da trat der Engel des Herrn zu ihnen, und der Glanz des Herrn umstrahlte sie; und es befiel sie große Furcht. Der Engel aber sprach zu ihnen: Fürchtet euch nicht, denn ich verkünde euch große Freude, die dem ganzen Volk zuteil werden soll: Heute ist euch der Retter geboren in der Stadt Davids; er ist der Christus, der Herr. Und dies soll euch als Zeichen dienen: Ihr werdet ein Kind finden, das in Windeln gewickelt in einer Krippe liegt. Und plötzlich war bei dem Engel eine große himmlische Schar; sie lobte Gott und sprach: Verherrlicht ist Gott in der Höhe, und Friede ist auf der Erde bei den Menschen seiner Huld (LK 2,8 –14).

St. Anna

Im Osten der Bischofsstadt Bamberg entstand in einem Neubaugebiet zwischen der älteren Pfarrkirche Maria Hilf und der jüngeren Pfarrkirche St. Heinrich die Pfarrgemeinde St. Anna (1981). Die Weihe der Kirche erfolgte 1979. Der gesamte Gebäudekomplex ist um einen Kirchplatz angeordnet. Dieser soll zugleich Zone der Vorbereitung sein für den Eintritt in den „Heiligen Bezirk". Geht man durch das Eingangsportal in den rechteckigen Raum, der umschlossen ist von vier Wänden und einer in Zeitform aufgebauten Decke, so wird der Blick auf den zentralen Mittelpunkt, auf den Altarraum gelenkt. In dieser Blickrichtung sind auch die Bänke strahlenförmig um den Altar angeordnet.

Die Krippe ist jüngeren Datums. Die Figuren aus Holz, geschnitzt, polychrom, beweglich und bekleidet, stammen aus Oberammergau. Vor dem Hintergrund einer orientalischen Landschaft werden dargestellt die Verkündigung an Maria, der Besuch Marias bei Elisabeth, die Herbergssuche, die Geburt Christi, die Beschneidung im Tempel, die Anbetung der Könige, die Flucht nach Ägypten sowie Jesus im Tempel und im Haus Nazareth.

Die Darstellungen der Krippe in St. Anna zeigen die Geburt Christi, die Anbetung der Könige und die Flucht nach Ägypten.

Maria Hilf

Die Pfarrkirche Maria Hilf (Wunderburg) wurde um 1886 im neugotischen Stil erbaut. In der Kirche wird das Gnadenbild der „Muttergottes von der immerwährenden Hilfe“ aus dem 30jährigen Krieg verehrt. Seit 1974 wird in der Kirche eine Jahreskrippe aufgestellt, deren weihnachtlicher Bestand die sogenannte Konradikrippe ist, benannt nach dem Bamberger Krippenbauer Friedrich Konradi. Es sind Oberammergauer Figuren. Konrad stellte sie bereits Anfang des 20. Jahrhunderts als eine der ersten neuen Kirchenkrippen Bambergs auf.

Der Bamberger Domvikar Johann Baptist Cavallo wollte, daß die Bamberger Krippenseligkeit in rechte („katholische“) Bahnen glitt, deshalb schrieb er seinen „Kurzen Unterricht über den Gebrauch der Krippen zur Weihnachtszeit nebst Andachtsübungen“ (1826): „Wahre Andacht und Rührung, heilige Erinnerungsvolle Gefühle sollen sich da über unsere Herzen verbreiten; heilsame Betrachtung über die unendliche Liebe Jesu in seiner Geburt, über die segensreiche Folgen derselben zur Rettung und Erlösung der sündigen Welt sollen uns da beschäftigen, uns zur Anbetung, Lob und Preis, uns zu den herzlichsten Dank gegen die göttlichen Erbarmer stimmen, sowie die kräftigsten und heiligsten Entschlüsse in uns erzeugen. Jesus dem Allerheiligsten, dem Retter des Menschengeschlechtes, in welchem nur allein wahres Heil ist, unsere Herzen durch Gegenliebe, durch Tugend und Heiligkeit auf ewig zu weihen.“

In den letzten Jahren hat sich in Bamberg ein eigener Bamberger Krippenstil, gefördert durch die Bamberger Krippenbauschule, herausgebildet: vor Kulissen, die Motive der Bamberger Altstadt nachbilden, agieren die Personen des weihnachtlichen Geschehens: In St. Otto beten die Hirten und Weisen das Jesuskind vor dem Siechenhaus an; die Sebastianikapelle bildet den Hintergrund der Tempelszene.

St. Otto

Die Pfarrkirche St. Otto ist stilistisch ein Werk des Übergangs vor 1914 mit einem ausgebauten Südturm und einem nicht vollendeten Nordturm. Isolde Maierhöfer schreibt in ihrem Bamberg-Führer (1973): „Auf dem Weg zur Moderne ist sie ein bemerkenswerte Versuch zu einem neuen Sakralstil zu finden: Die Gesamtanlage, insbesondere die Apsis, erinnern an die Romanik, die Holztonnendecke und Fenster an die Gotik, die Turmbekrönung – die Bamberger nennen den Turm den ‚Spargel' – an die Renaissance." Das Krippengeschehen ereignet sich vor fränkischen Kulissen wie zum Beispiel vor dem Siechenhaus oder der Sebastianikapelle, Bauverke aus der nächsten Umgebung. Die Figuren stammen aus Oberammergau.

St. Heinrich

Die Pfarrkirche St. Heinrich, 1927 bis 1929 erbaut, war die erste Sichtbeton-Kirche Deutschlands: „St. Heinrich vereinigt in sich die wesentlichen Erfordernissen einer modernen Kirche: markantes Äußeres, im Innern starke Raumhaftigkeit, praktische Verwendbarkeit, einfache, bescheidene Sachlichkeit und feierli-

che, beseelte Größe eines Gotteshauses." Die von den Franziskanern realistisch aufgebaute Krippe erfreut sich großer Beliebtheit, vor allem bei Kindern. In einer weiten Berglandschaft, angedeutet mit Wurzelwerk und Steinen, bevölkern lebhafte Figuren die Szene. Das aus dem Felsen fließende Wasser eines Baches wird als eine besondere Attraktion bestaunt, ebenso die vielen Schafe – der „Schnee der Krippe".

Der Stall, in dem Gottes Sohn zur Welt kam, ist aus Wurzelwerk gefertigt. Die beweglichen Figuren stammen aus Oberammergau. Vom 1. Adventssonntag sind bis zu Beginn der Fastenzeit Szenen von der Verkündigung Mariens bis zur Flucht nach Ägypten zu sehen.

Auch in St. Gangolf suchen Maria und Josef vor heimatlicher Kulisse nach Unterkunft. Die Hirten beten das Jesuskind in einer Art Höhle an: nicht ganz unähnlich einer Aufstellung im Jahre 1920, über die „Der bayerische Krippenfreund (Nr. 22)" berichtete: „Der in Tempera gemalte Hintergrund stellt eine Stadt vor, die rechts gegen den Mittelgrund der Krippe zu in Plastik übergeht und als wirkungsvolles Stück ein Tor präsentiert. Die Häuser, zwischen denen Palmen und Zypressen aufragen, zeigen orientalischen Baustil, sind teils ohne Dach, teils mit Flachkuppeln bekrönt.

St. Gangolf

Die Guckkastenkrippe in St. Gangolf bringt Szenen von der Verkündigung bis zur Flucht nach Ägypten. Die Figuren schnitzte Max Huscher, Bambergs bekanntester Krippenschnitzer. Es werden aber auch noch ältere Krippenfiguren aufgestellt, u,.a. von Huschers Lehrer, dem Bildhauer Franz Bauer. Die ursprüngliche Krippe von St. Gangolf hatte als eine der ganz wenigen Krippen Bambergs das Krippenverbot der Aufklärungszeit überlebt, ging aber 1920 verlustig, als eine neue Weihnachtskrippe aufgestellt wurde, die – wie der „Bayerische Krippenfreund" (Nr. 22, Dezember 1921) schreibt, „an die Stelle

einer größeren alten, aber veralteten Krippe" trat. Allerdings, manches gute Inventarstück ging in der neuen Krippe auf. Bei der Krippe von 1920 wurde viel Naturmaterial verwendet: „Stockholz und Rinde, Stein- und Laubmoos, Heide- und Immergrün, Kleingesträuch und dürres Gekräute, so daß sich mit dem orientalischen Eindruck der Krippe auch noch der liebliche des deutschen Waldes mischt" (Krippenfreund, Nr. 22, 1921). Anfangs der fünfziger Jahre gab der Kinderarzt Dr. Walter Bonell der Gangolfer Krippe neue Impulse: er gestaltete die Landschaft neu, erstellte neue Bauten und sorgte für neue Kulissen, vor denen sich auch heute noch das weihnachtliche Geschehen zuträgt.

Von grellem Lichtschein übergossen, heben sie sich gespenstisch von einem grünlichen wolkenlosen Himmel ab. Der Grund und Boden der Krippe ist grünes Weideland, gegen den Hintergrund zu hügelig aufgeworfen. Glücklich ist also das allzu viele Gefelse vermieden, woran so zahlreiche Krippen kranken. Ein von links her in den Vordergrund vorspringender Berg ist zur Geburtsgrotte ausgehöhlt, die einem Nebenraum als Feuerstelle, eine Quelle am Eingang aufweist. Diese Höhle ist das Schönste der Krippe, besonders, wenn sie in farbigen elektrischen Licht erstrahlt."

Als Jesus zur Zeit des Königs Herodes in Bethlehem in Judäa geboren war, kamen Magier aus dem Osten nach Jerusalem und fragten: Wo ist der neugeborene König der Juden? Wir haben seinen Stern aufgehen sehen und sind gekommen, um ihm zu huldigen. Als König Herodes das hörte, erschrak er und mit ihm ganz Jerusalem. Er ließ alle Hohenpriester und Schriftgelehrten des Volkes zusammenkommen und erkundigte sich bei ihnen, wo denn der Messias geboren werden sollte. Sie antworteten ihm: In Bethlehem in Judäa; denn so steht bei dem Propheten geschrieben: „Du, Betlehem im Gebiet von Juda, bist keineswegs die unbedeutendste unter den Fürstenstädten von Juda: denn aus dir wird ein Herrscher kommen, der der Hirt meines Volkes Israel sein wird." Da rief Herodes die Magier heimlich zu sich und ließ sich von ihnen genau die Zeit sagen, wann der Stern erschienen war. Dann schickte er sie nach Betlehem und sagte: Geht und forscht sorgfältig nach dem Kind, und wenn ihr es gefunden habt, berichtet mir, damit auch ich hingehe und ihm huldige: Nach diesen Worten des Königs machten sie sich auf den Weg. Und der Stern, den sie hatten aufgehen sehen, zog vor ihnen her, bis er über dem Ort stehenblieb, wo das Kind war. Als sie den Stern sahen, wurden sie von großer Freude erfüllt. Sie gingen in das Haus, und als sie das Kind und Maria, seine Mutter, erblickten, fielen sie nieder und huldigten ihm. Dann holten sie ihre Schätze hervor und brachten ihm Gold und Myrrhe als Gabe dar. Weil ihnen aber im Traum geboten wurde, nicht zu Herodes zurückzukehren, zogen sie auf einem anderen Weg heim in ihr Land. (Matthäusevangelium 2,1–12).

St. Kunigund

„Wir leben in einer visuellen Zeit: Fernsehen, Film, Foto, Illustrierte, Werbeplakate, faszinieren den modernen Menschen. Die christliche Botschaft wird in solcher Zeit umso mehr ankommen, wenn sie bildhaft verkündet wird. Und hier hat die Krippe ihren unverwechselbaren Platz“. Pfarrer Paul Kupfer wollte so seine Krippe in St. Kunigund verstanden wissen. Als er aus dem Besitz des krippenbegeisterten Pfarrers Georg Jung ein Krippenwerk mit etwa 100 beweglichen Figuren und vielen Gebäuden der bekannten Münchner Krippenfamilie Flinzer erwerben konnte, richtete er eine Jahreskrippe ein. Die linke Seitenkapelle im Eingangsbereich der Kunigundenkirche wurde zu einer großflächigen Bühnenanlage ausgebaut. In einem Schaukasten neben der Bühnenkrippe bietet eine aufgeschlagene Großbibel den Text zu den jeweiligen Darstellungen. Ins Bild gesetzt werden Szenen biblischer Texte zum jeweiligen Sonntag oder zu entsprechenden Festzeiten. Zur Weihnachtszeit ist im Kirchenschiff ein Holzstall aufgebaut: in einer Futterkrippe liegt auf Heu das Jesuskind.

In jenen Tagen erließ Kaiser Augustus den Befehl, die gesamte Bevölkerung des Reiches in Steuerlisten einzutragen. Diese Eintragung war die erste und geschah, als Quirinius Statthalter von Syrien war. Da begab sich jeder in seine Stadt, um sich eintragen zu lassen. So ging auch Josef von der Stadt Nazareth in Galiläa hinauf nach Judäa in die Stadt Davids, die Betlehem heißt, weil er aus dem Haus und dem Geschlecht Davids war, um sich mit Maria, seiner Vermählten, die schwanger war, eintragen zu lassen. Als sie dort waren, kam für sie die Zeit der Niederkunft, und sie gebar ihren Sohn, den Erstgeborenen, wickelte ihn in Windeln und legte ihn in eine Krippe, weil in der Herberge kein Platz für sie war. (Lukasevangelium 2,1–7).

Zu Tausenden kommen Krippenfreunde in der Weihnachtszeit in die fränkische Siebenhügelstadt. Ihr Weg führt vornehmlich in die traditionsreichste Ausstellungsstätte der Krippenstadt Bamberg: in die Maternkapelle. Unsere Bilder wollen einen – wohl unvollständigen – Eindruck des Krippenschaffens der Bamberger Krippenfreunde vermitteln. Auf Seite 60: Huldigung der Könige (Adam Kirchner, Bamberg); Seite 61: Ruhe auf der Flucht (Walter Hamatschek, Bamberg); Seite 62: Orientalischer Krippenberg nach Tiroler Vorbild (Wilfried Kuntke, Bamberg); Seite 64 (oben): Anbetung der Könige (Alfred Schmitt, Zeyern); Seite 64 (unten): Herbergssuche in Franken (Adam Kirchner, Bamberg); Seite 65 (oben): Huldigung der Könige (Otto Pflaum, Bamberg).

Maternkapelle

„Für den Ortsfremden ist es nicht ganz einfach, zur Maternkapelle vorzudringen, wo die Krippenausstellung eine bleibende Stätte gefunden hat. Aber es ist gut so. Denn die Architektur dieser Stadt tut sich nach und nach auf wie ein riesiges Krippenszenarium, bis in einer Senke geborgen die schlichte, gotische Kapelle auftaucht. Man eilt gleichsam zur Krippe hinab, während ein paar stille Häuserwinkel die Unrast der Geschäftsstraßen abklingen lassen, tritt durch das schöne Portal und findet eine Kirche voller Krippen. Rings an den Wänden reiht sich Einblick an Einblick, verengt sich diese Linie an den Jochpfeilern des Triumphbogens, gibt einen neuen Blick frei . . . Und in den Kästchen – ist es nicht so, als ob das soeben leibhaftig erlebte Bamberg im Kleinen wieder lebendig wird, in den Gassen, den Fachwerkhäusern, diese Stadt mit ihrem ganzen Zauber? Braucht sich der Besucher

zu wundern, daß der Bamberger Krippenfreund das große Ereignis von Bethlehem in die kleine, geliebte Bamberger Welt versetzt? In die Welt von Häusern mit dem reichen, fränkischen Fachwerk, dann wieder angehaucht vom Schwung des Barocks. Es erübrigt sich fast von der Sorgfalt der Ausstellung zu sprechen, weiß man doch, daß jeder Aussteller viel Erfahrung mitbringen muß, gefördert durch die Krippenbauschule des Bamberger Vereins, bis er in die Maternkapelle darf." So stand es 1982 im „Bayerischen Krippenfreund" (241). Geändert hat sich, was das Ausstellungsgut betrifft und die Sorgfalt, in all den Jahren nichts. Wie im-

Weiter auf Seite 65

Die Bamberger Presse berichtete am Montag, 3. Dezember 1928, von der „Weihnachts-Krippen-Ausstellung im Domkapitelhaus“: Nun betrat der Protektor der Ausstellung, Se. Bischöfl. Gnaden, Weihbischof Dr. Senger, das Rednerpult. Mit freudiger Begeisterung hört die Versammlung seine Worte, unterstreicht sie des öfteren mit lauter Zustimmung . . . „Ein Münchener Bürger, Max Schmederer, hat in jahrelangen Bemühungen das Beste, was sich von alten Krippen aus Bayern, Tirol und Italien erhalten hat, möglichst vollständig gesammelt und hat diese reiche Sammlung beim Bayer. Nationalmuseum zum Geschenk gemacht und sie zugleich in ausgedehnten Räumen selbst aufgestellt. Bei allem mir sonst eigenen Lokalpatriotismus kann ich selbstverständlich nicht so weit gehen, daß ich die hier dargebotene Krippenausstellung der eben kurz gezeichneten Schmedererschen an die Seite stellen möchte. Aber auch sie lohnt reichlich einen Besuch. Und zwar nicht etwa bloß von Kindern. Gerade auch die Erwachsenen, die mitten in

die unerquicklichen Kämpfe einer durchwühlten und zerrissenen Zeit hineingestellt sind, sollten sich die Gelegenheit nicht entgehen lassen, für ein Stündlein wieder in das seelige Traumland der frommen Kindheit sich zu versenken. Sage mir keiner, das sei doch Gefühlsduselei! Es ist echte deutsche Art, das hl. Weihnachtsfest in gemütvoller, kindlicher Feierstimmung in der Familie zu begehen. Leider ist der Christbaum, dieser sinnige Brauch vielfach schon zu einer Geldspekulation vergnügungslüsternen und profitgierigen Vereinslebens entwürdigt worden. Die Krippe dagegen ist für das Haus, für die Familie bestimmt, sie kann und darf nicht den Weg ins Wirtshaus finden!" Freudigster Beifall dankte dem hochwürdigsten Redner für diese seine Worte, die ohne Zweifel die Freude und Liebe zur Krippe in allen Herzen neu entzündet hat.

Fortsetzung von Seite 60

mer ist die Matern – so nennen die Bamberger das Kirchlein zu Ehren des hl. Maternus im Domgrund – alljährlich Ziel von Tausenden aus nah und fern. Die Besucher stehen vor bekannten fränkischen und Bamberger Motiven: vor der Altenburg, der Hofhaltung, der Sandstraße mit dem markanten Fachwerk des „Schlenkerla" oder vor einem der idyllischen Domherrenhöfe. Seit 1930 stellen hier Mitglieder des Vereins Bamberger Krippenfreunde ihre Arbeiten aus. Die Krippen werden ergänzt durch Figuren und Einzeldarstellungen. Seit einiger Zeit zeigt der Verein in der Fastenzeit eine vielbeachtete Ausstellung von Passionskrippen.

Der langjährige Vorsitzende des Bamberger Krippenvereins e. V., Jakob Gerner, gilt als Vater der Bamberger Krippe – mit Recht –, seine „Krippenpassion" beschränkt sich – Gott sei Dank – aber nicht nur auf weihnachtliche Darstellungen auf fränkischen Fluren. So gestaltete er u. a. die Landschaften der Krippen von Romed Speckbacher im Bamberger Diözesanmuseum oder die Plößberger Krippe im historischen Museum. Über lange Jahre (von 1978 bis 1994) ließ er sich von einem der besten Tiroler Schnitzer, von Stefan Lanthaler (Fulpmes), Krippenfiguren (42 Stück) schnitzen, bezeichnenderweise in orientalischer Art. Sie sind in eine orientali-

sche Landschaft (die natürlich Gerner schuf) eingebettet: Rückzug auf biblische Quellen? Oder der Versuch, jede falsche Sentimentalität zu verbannen, die sich mitunter eingeschlichen hat in die manchmal zu „heimattümlichen“ Krippen? Die Geburt Jesu mag zwar in ihrer herkömmlichen Darstellung lieblich sein, die Geschichte dieses Lebens war anders, herb und hart; und wie wir wissen, endete es tragisch: am Kreuz. Aber: Krippe und Kreuz gehören zusammen, Anfang und Ende. Das Ende ist nicht das Kreuz, so glauben wir Christen: über den Tod hinaus leuchtet die Erlösung. Im armseligen Kind in der Krippe ist diese Botschaft verborgen – und wir ahnen es.

Öffentliche Krippen

Es wäre verwunderlich, stünden in der Krippenstadt Bamberg nicht auch Krippen auf öffentlichen Plätzen: seit 1963 ist auf Initiative des Vereins Bamberger Krippenfreunde auf dem Schönleinsplatz eine Krippe mit Figuren in Lebensgröße aufgestellt. 1983 stiftete die Interessengemeinschaft Fränkischer Marktkaufleute eine Krippe auf dem Maxplatz. 1992 sorgte die Siedlergemeinschaft Gartenstadt für die Aufstellung einer weiteren Großkrippe mit lebensgroßen Figuren.

Auf dem zentralen Schönleinsplatz stand nach dem 2. Weltkrieg ein Hexenhaus mit Hänsel und Gretel. In den fünfziger Jahren waren Schaufensterpuppen in diesem Hexenhäuschen zu einer Krippendarstellung zusammengefügt, die dürftig anzusehen war. Leserbriefe in den beiden Bamberger Zeitungen forderten eine bessere und würdigere Gestaltung. Der Krippenverein nahm sich dieses Anliegens an. Im Advent 1963 stand dann die Krippen (Bild oben und rechte Seite) von beachtlichen Ausmaßen: sechs Meter Länge, drei Meter Breite und vier Meter Höhe. Die Figuren schnitzte der Bamberger akademische Bildhauer Hermann Leitherer.

Bild rechts: Auf dem Maxplatz findet der jährliche Bamberger Weihnachtsmarkt statt. So ist es nur allzu verständlich, daß auch hier eine öffentliche Krippe im Mittelpunkt steht. Das Krippenhaus hat die stattlichen Maße von 3 m Höhe, 4,5 m Breite und 2,5 m Tiefe. Köpfe, Hände und Füße der 1,05 m hohen Figuren sind auf einem kräftigen Drahtgestell befestigt und wurden in der Werkstatt Kreuzt in Gröbenzell gefertigt. Sie tragen – entsprechend dem Umfeld – Bamberger Tracht.

Bild unten: Krippe bei der Kunigundenschule in der Gartenstadt ist die jüngste öffentliche Krippe. Das Krippenhaus ist einer Scheune nachgebildet, wie man sie im fränkischen Jura findet. Seit 1986 wurden die Gewinne des „Lindenfestes", eines Straßenfestes vor der Kunigundenschule, beiseite gelegt, bis dann 1992 die Krippe stand, deren Figuren der Holzbildhauer Alfons Birchner (Zentbechhofen) schuf.

Eine Teilnehmerin an einem Kurs der Bamberger Krippenbauschule, Dr. Christine Wonka, schildert ihre Erlebnisse: Es wurde gebohrt, gesägt, gefeilt und geklebt und inzwischen war jede anfängliche Kontaktschwierigkeit zwischen den Teilnehmern abgebaut. Man half sich, wo Hilfe nötig war und gab gegenseitige Ratschläge. Oberster Ratsherr aber war und blieb Herr Gerner, unterstützt von Herrn Reinhard, die jedes auftauchende Problem meisterten. Ich für meinen Teil hatte mir ungewollt die Arbeit sehr erleichtert. Nachdem mir in einer der ersten Stunden beim Durchbohren eines Brettes dasselbe aus der Hand rutschte, am Bohrer steckend durch die Drehbewegung nach oben gezogen wurde, gegen das Bohrfutter knallte und dieses den anderen Teilnehmern um die Ohren flog, rannte – sobald ich mich auf ein Elektrogerät zubereite – einer der Profis los, um mir die Arbeit abzunehmen, Das beschleunigte den Fortgang meiner Krippe sehr.

Wir lernten nun, daß jedes Teil, ob Fenstersprossen, Türrahmen oder Stallbalken, naturgetreu aussehen müssen und so kerbten und schnitz-

Bamberger Krippenbauschule

„Bernhard Vogt hat Grund zu feiern: Wochen harter Arbeit liegen hinter ihm, doch nun sind Fundament, Mauern und Dachstuhl vollendet – Zeit für das Richtfest seiner selbstgebastelten Weihnachtskrippe. Ein paar freie Abende wird der Maschinenbauer noch opfern müssen, bis die Krippe am heiligen Abend unter dem Baum steht. Daß sein Traum von einer eigenen Krippe Wirklichkeit wurde, verdankt Vogt einem Kurs in der Bamberger Krippenbauschule“ (NN, 13. 12. 1993).

Die Bamberger Krippenbauschule ist in ihrer Art in Deutschland sicherlich einmalig: Hier kann jedermann unter fachmännischer Anleitung Krippen bauen. Menschen wieder mehr an die Krippe zu führen, dieses Ziel hatte sich der Bamberger Krippenverein gesetzt, als er 1977 die Krippenbauschule für Nichtmitglieder gründete. Besonders der Vorsitzende des Vereins Bamberger Krippenfreunde, Jakob Gerner, hatte sich für diese einmalige Einrichtung eingesetzt. Unter seiner Leitung werden Männer und Frauen aus allen Berufszweigen und Bevölkerungsschichten im Krippenbau an zwölf Abenden in sechs Wochen unterwiesen.

Nach einer Einführung in die Material- und Figurenkunde müssen sich die Teilnehmer für ein Motiv entscheiden, wobei es jedem freigestellt ist, eine heimatliche, ortsgebundene, orientalische oder alpenländische Krippe zu bauen. Gerner berät beim ersten Grundriß auf der Holzplatte und hilft bis zuletzt mit geübter Hand, wenn die Erdfarben mit Schwamm und Pinsel auf noch frischen Putz aufgetragen werden. An den Kursabenden lernen so die Krippenbauer einiges über das Zubereiten von Verputzmasse für Bauten und Gelände, das Fassen von Krippen, das Anfertigen von Schindeln und Ziegeln sowie das Präparieren von

ten wir Bodendielen und Balkongeländer. Stundenlang arbeitete ich an meiner Außenstiege, die später über einen Holzstoß in den ersten Stock führen sollte. Als die endlich fertig war, habe ich sie montiert, einfach aus dem Gedanken, daß sie nicht verlorengeht. Und schon hatte ich wieder etwas dazugelernt. Die Treppe ist so ungefähr das letzte, was man anbaut, sagt der Meister und wenig liebevoll landete sie in mehreren Teilen neben der Krippe. Inzwischen hatte ich aber so Feuer gefangen, daß mir ein solcher Rückschlag nichts mehr ausmachte. Nun wurde das Haus verputzt, nicht mit Moltofill, sondern

Pflanzen und Herstellen von Zubehör.

Voller Stolz kann Jakob Gerner von seinen Krippenbaukursen sagen, daß noch nie seit Bestehen der Krippenbauschule ein Modell kopiert wurde. Jede Krippe ist für sich einzigartig. Bei einem der Kursteilnehmer diente ein Gasthaus aus Dechsendorf bei Erlangen als Vorbild, ein anderer wählte das Motiv der Alten Hofhaltung in Bamberg. Auch eine Urlaubserinnerung aus den Bergen wurde in eine alpenländische Krippe umgesetzt, ein anderer wiederum hat das Geschehen der Heiligen Nacht im Torbogen einer Mühle aus seinem Heimatdorf dargestellt.

Streng scheidet Gerner auch Kunst von Kitsch im Krippenbau. Plastikrasen von der Modelleisenbahn mag er gar nicht, stilecht muß es zugehen: „Vor der orientalischen Krippe steht eben eine Palme und keine Tanne. Und der heimatlich fränkische Typ

mit einem eigens von Herrn Gerner entwickelten Krippenputz aus Leimwasser, Gips und Sägespänen. Es wurden die Holzteile gebeizt, Elektrokabel für die Beleuchtung verlegt und die zuvor schon aus Styropor angelegte Landschaft kaschiert. Nun konnte es bis zur Fertigstellung nicht mehr lange dauern, dachte ich mir, doch weit gefehlt. Jetzt wurde der Krippenputz mit Dispersionsfarbe weiß grundiert und dann sorgfältig und unter genauer Anleitung mit pulvrigen Erdfarben abgetönt.

Unsere harte Arbeit wurde an jedem Kursabend durch eine deftige Brotzeit versüßt.

Zwischen Ziebeleskäs, Zwetschgabaames und Bauernbrot sägt und feilt es sich doch leichter. Ein Teilnehmer hatte im Wechsel jeweils die Aufgabe, den Rest der Mannschaft zu verköstigen, wobei der Phantasie keine Grenzen gesetzt waren. Dieses imaginäre Richtfest wurde jeweils durch einen Richtspruch untermalt, den Herr Gerner auf den Brotzeitausrichtenden gedichtet hatte. Da gab es viel zu lachen. (Aus: Festschrift zum 75jährigen Bestehen des Krippenvereins Bamberg e. V., Bamberg 1994)

braucht Mauern aus Fachwerk" (Zitat nach NN, 13. 12. 93). Und daß auch die Proportionen zwischen Krippenbauwerk und Figuren stimmen, dafür sorgt der von Gerner erfundene graphische Krippenmeter, mit dem sich exakt berechnen läßt, „wie hoch eine Tür sein muß, damit sich Maria und Josef nicht an den Kopf stoßen".

Die Kurse sind stets ausgebucht, auswärtige Teilnehmer opfern sogar einen Teil ihres Urlaubs, um in einem Wochenkurs in die Geheimnisse des Krippenbauens eingeweiht zu werden.

Bamberg ist eine Krippenstadt. Die Fränkische Krippe allerdings, wie sie besonders gerne in den Krippenbaukursen gebaut wird, ist jüngeren Datums. Der Vater dieser „Bamberger Krippe", dieses sogenannten Bamberger Krippenstils, ist Jakob Gerner, der (seit über 30 Jahren Vorsitzender der Bamberger Krippenfreunde) mit den aktiven Mitgliedern durch intensive Pflege der Krippenkultur maßgeblich das Bamberger Krippenleben beeinflußt.

Die Bamberger Heimatkrippe gleicht einer geschlossenen Bühne mit heimatlichen Kulissen, die stimmungsvolle Motive der Bamberger Altstadt liebevoll nachbilden. Sie leben – wie dies einmal der Vorsitzende des Verbandes Bayerischer Kripperfreunde e. V., Erich Lidel, formulierte – vom Glauben und der Hoffnung, daß der Erlöser zu uns kam.